JULES JANIN

Paris. — Typ. Gauthier et C., rue Git-le-Cœur, 1.

JULES JANIN.

LES CONTEMPORAINS

JULES JANIN

PAR

EUGÈNE DE MIRECOURT

PARIS
GUSTAVE HAVARD, ÉDITEUR
15, RUE GUÉNÉGAUD, 15
L'Auteur et l'Éditeur se réservent tous droits de reproduction.
1857

A M. ÉMILE DE GIRARDIN.

Paris, 15 novembre 1854.

Monsieur,

Le soir même du jour où ma première lettre, datée de Clichy, fut publiée en tête de la biographie de Samson, deux hommes de loi, chargés de vos ordres, me firent demander au greffe et m'annoncèrent que j'étais libre.

Ah! cher hôte (permettez-moi de vous donner toujours ce nom), pourquoi me renvoyer si vite? pourquoi vous fatiguer sitôt de ma correspondance?

J'étais merveilleusement établi dans ma retraite; j'y travaillais avec un calme dégagé de remords. Car enfin, vous le savez, ce n'étaient ni la dissipation ni l'inconduite qui m'avaient jeté sous les verrous. Ma captivité, Dieu merci, ne semblera déshonorante à personne. J'ai cru pouvoir suivre vos doctrines, voilà mon malheur.

O le *droit de tout dire*, il m'en souviendra, cher hôte !

Comme un franc étourdi, j'ai donné dans ce panneau la tête basse. Sur la foi de votre parole, je me suis promené, je me promène encore le long d'une voie fatale, semée de casse-cous et de précipices.

Aujourd'hui vous rentrez brusquement dans la logique, et je sors de prison.

Mais, hélas ! je ne reprends ma liberté que pour mieux la perdre ! Un autre péril me menace, une nouvelle catastrophe va fondre sur ma tête. J'ai les dieux contre moi, les augures ont parlé, je suis mort.

Jules Janin, lui aussi, va me faire un procès.

Voyez le danger de l'exemple ! A présent mes *biographiés* (permettez-moi de forger le mot) n'attendent même plus que leur notice soit écrite. Ils jettent feu et flamme; ils me montrent le poing; ils veulent m'épouvanter par leurs cris et par leur fureur.

Ainsi fait ce bon M. Janin.

Vous ne l'ignorez pas, il a toute la magistrature dans sa manche. Ah! mais, il ne faut point rire ! Le terrible critique en convient lui-même; il l'affirme de droite et de gauche, il le crie par-dessus les toits. Ne vous souvenez-vous plus de ce malheureux Pyat? Deux ans de prison! Janin m'en promet le double.

— Et vous reculez? direz-vous.

Non, cher hôte, non, soyez sans inquiétude. Vérité quand même, c'est ma devise ; vous le savez mieux qu'un autre.

Pour me servir d'une phrase à la Prudhomme, la biographie de Jules Janin sera peut-être mon dernier jour; mais qu'importe? On arrive au bord du fossé, le mieux est de sauter gaiement.

Je me précipite la tête la première dans cette biographie comme dans un abîme.

EUGÈNE DE MIRECOURT.

JULES JANIN

« Oh! mil huit cent quatre! la belle époque pour naître! » s'écrie quelque part M. Janin.

Certes, il faut le dire, jamais année plus glorieuse et plus féconde en événements grandioses ne prit sa place au cortége des siècles ; Napoléon, vainqueur aux Pyramides et à Marengo, plaçait sur sa tête le diadème impérial, et le prince des critiques naissait à Saint-Étienne, près Lyon, de parents pauvres mais honnêtes.

Nous consignons ici le jour de cette naissance à jamais célèbre.

C'était le 11 décembre. Le nouveau-né reçut au baptême les noms de Jules Gabriel.

La seconde ville de France eut l'honneur de voir notre héros entamer, dans son lycée, les mémorables études qui devaient l'aider plus tard à saupoudrer ses feuilletons du lundi de citations latines aussi coquettes que judicieuses.

On aime à retrouver aujourd'hui ce gros homme pataugeant dans Tacite, cabriolant à côté de Juvénal, dansant sur une page de Suétone, prenant pour balancier un vers de Virgile et jouant au ballon avec deux ou trois hémistiches du père Horace, le tout pour prouver qu'il n'a jamais perdu son latin.

A quinze ans, Jules s'imagine qu'il est profondément versé dans les racines grecques; il se persuade que sa force en thèmes dépasse toutes les limites connues. Chez lui la taille physique reste stationnaire; mais l'amour-propre se développe outre mesure.

Dans sa famille on le nomme le *petit prodige.*

— Expédiez-moi ce gaillard-là, dit un de ses oncles, à Paris, au collége Louis-le-Grand. Il remportera le prix d'honneur, et vous verrez les colléges rivaux se disputer la gloire de lui faire achever gratuitement ses classes. De plus, il aura par la suite l'avantage de ne rien débourser pour ses inscriptions à l'école de droit.

L'idée semble admirable.

On annonce partout à Saint-Étienne que Jules va partir en conquête. Une grand'tante, qui l'a bercé, promet de payer la première année de pension.

Cette bonne femme raffole de son neveu. Jules nous apprend lui-même dans ses *Contes nouveaux*, magnifique livre entièrement oublié de notre époque ingrate, que sa tante, une semaine avant le départ, se sauve pour ne point assister aux adieux.

Pauvre vieille! elle craint de ne pouvoir se séparer de son Janotin mignon, comme elle l'appelle dans sa naïve tendresse.

On prépare le trousseau du futur lauréat de Louis-le-Grand. L'heure de monter en voiture arrive. Jules quitte sa mère, qu'il ne doit plus revoir.

« Je l'aurais fait trop pleurer, dit-il, si j'avais, moi aussi, pleuré [1]. »

Rarement on a vu preuve d'amour filial plus remarquable et plus touchante. Retenir ses larmes par excès de sensibilité nous paraît être d'un héroïque exemple. M. Janin seul pouvait le donner au monde.

[1] Préface des *Contes nouveaux*, tom. I, - p. 22. Toutes les citations qui suivent sont tirées de cette préface.

Il se trouve dans la diligence aux côtés d'une fille entretenue. La donzelle a du bon. Ses discours renferment toute la moralité qui manque à sa conduite; et la conversation est des plus édifiantes. A leur arrivée à Paris, sa compagne de voyage lui recommande d'éviter les mauvaises sociétés ; puis elle l'embrasse sur les deux joues.

Ordinairement, dit-on, ces baisers-là portent bonheur.

Mais où les proverbes mentent; où notre héros n'a point de chance: A peine est-il sur les bancs du collège que son professeur Burnouf s'aperçoit qu'il ne sait rien de rien.

Jugez de la surprise des habitants de Saint-Étienne, lorsqu'ils apprennent ceci!

Burnouf laisse ce malheureux Jules parmi les trente derniers, c'est-à-dire au milieu de cette plèbe obscure que, dans l'idiome scolaire, on nomme irrévérencieusement les rosses.

Adieu le prix d'honneur! La spéculation de l'oncle échoue sur toute la ligne; les colléges ne se disputent en aucune sorte le jeune prodige de Saint-Étienne, et la vieille tante est obligée de payer successivement trois années de pension.

Mais aussi, comme Janin traite son professeur Burnouf!

« Eh! par le ciel, où sommes-nous? où allons-nous? de qui faut-il dépendre? Quel siècle! quelle caverne! quelle pétaudière! Voilà donc où est la science? *hæc est scientia;* voilà ceux que vous nous donnez pour maîtres? *magistrorum squalidum pecus!* Les capacités d'un élève, sa force intellectuelle, sa puissance d'imagination et de jugement, son esprit, sa raison, son âme, tout cela se mesure à la toise du premier baudet universitaire venu ! *asinus discipulum fricat.* O honte! *proh pudor!* Voyez ces pédagogues avec leur trogne barbouillée d'algèbre et leurs cheveux mal peignés, *caput hirsutum!* O les plaisantes mines! ô les beaux museaux! Aïdez un peu! comme dirait Molière. Ils sont horribles à voir. Ce sont des monstres de laideur, des colosses de sottise; ils portent lunettes, ils sont myopes, ils sont aveugles : *monstrum horrendum, informe, ingens, cui lumen ademptum.* Tu les as peints dans un seul vers, ô Virgile, ô poëte! Mais, va-t-on me dire, pourquoi se fâcher contre de pareilles gens? Ce sont les infirmes de l'esprit, les paralytiques de l'intelligence, *inanes et pauperes.* Ils ne bougent pas, ou, s'ils bougent, ils trébuchent, ils tâtonnent, ils tombent le nez sur le fumier sans voir la perle; *margaritam ante porcos.* Non certes, non vraiment, en vérité, non! je vous le dis une fois pour toutes, il est impossible de se taire en présence d'un tel scandale. Il ne faut point en rire, s'il vous plaît, *risum teneatis;* car la jeunesse, la sainte jeunesse, *sancta juventus,* comme l'appelle saint Augustin, se trouve confiée à ces maroufles, à ces taupes, à ces niais bouffis d'orgueil, à ces pédants. Plus pédant l'un, plus pédant l'autre, *pedantus, pedantior, pedantissimus!* »

Or, nous l'avouons, ce ne fut pas là précisément le langage de notre héros au collége.

Mais si le feuilleton des *Débats* lui eût alors livré ses colonnes, nous aurions à coup sûr obtenu ce précieux échantillon de son style, y compris les barbarismes qui rendent l'imitation plus parfaite.

Burnouf n'a pas été la seule victime de Jules. Celui-ci pardonne encore moins peut-être à son proviseur, M. Malleval, un hypocrite.

« Cet homme avait rêvé tout d'un coup,

en s'éveillant, qu'il était moral et chrétien. »

Fi ! le vilain rêve !

« Il m'enfermait, dit Jules, pendant des jours entiers, dans d'infâmes oubliettes, sous les combles. »

Et pourquoi, grand Dieu ! Nous vous le donnons en mille. Parce que Jules faisait de l'opposition. Comment, de l'opposition politique ? Oui, certes, et de la plus chaude. Au lieu de corriger les contre-sens de ses versions et les solécismes de ses thèmes, il déblatérait du matin au soir contre cette cagote de Restauration.

« N'avait-elle pas enlevé aux colléges leurs armes à feu et leurs tambours, pour les remplacer par des cloches et des missels ? »

Aussi fallait-il voir comme il la drapait! Quelle bordée d'épigrammes! L'aumônier perdait sa morale et ses sermons avec ce jeune chenapan, qui lisait Voltaire en cachette. A l'étude, en classe, à la chapelle, à la récréation, partout, à voix basse ou à haute voix, Jules procédait à l'*éreintement* des jésuites; il faisait une Saint-Barthélemy générale du clergé. Toute la verve des encyclopédistes passait dans ce cerveau mutin.

Si parfois il apportait quelque trêve à la satire, ce n'était qu'au réfectoire, où de graves occupations lui fermaient la bouche.

Enfin ses classes sont achevées [1].

---

[1] Les principaux amis de Jules Janin au collège Louis-le-Grand sont Boitard, Lerminier et Sainte-Beuve. Il y connut aussi Lacénaire, et voici l'anecdote

Il n'a pas eu le moindre accessit au concours ; mais il possède admirablement son Voltaire, et si jamais un Nicolardot [1] quelconque lui tombe sous la

qu'on raconte. Un matin de très-bonne heure, après un grand bal donné par le prince des critiques, bal où on l'avait vu danser vingt contredanses avec la belle marquise de La C***, et où, devant cent personnes, il avait frappé sur le ventre à ce vieux satyre de Bosio, en l'appelant *papa*, un homme entre chez lui, pâle, bouleversé, les vêtements en désordre : c'est Lacenaire. Il a pu facilement pénétrer chez Janin. Quelques joueurs attardés sont encore au salon. Jules frissonne. La figure de son ex-camarade de classe trahit un dessein sinistre. Mais il ne perd pas la tête et dit au visiteur : « — Si tu n'en veux qu'à ma bourse, sois le bienvenu. Il me reste cent francs, nous allons les partager ensemble. » Lacenaire, à quelque temps de là, disait au juge d'instruction : « — Janin a bien fait de se montrer bon enfant, sans quoi je le tuais, pour le punir d'être riche et célèbre. »

[1] Cet écrivain a eu l'audace de prétendre que Voltaire ne doit pas être canonisé, que cela ferait tort à l'Église, et que, de plus, au xviiie siècle, il y a eu,

griffe, soyez sans inquiétude, le patriarche de Ferney sera vengé.

Que devient notre héros au sortir du collége? N'ayant point obtenu ce laurier classique prophétisé si hautement, il ne veut pas retourner à Saint-Étienne, près de ses compatriotes moqueurs, près de sa famille trompée dans un si bel espoir.

— Je resterai à Paris, se dit Jules, dussé-je y mourir de faim!

Toutefois, il s'arrange pour ne pas être réduit à cette extrémité funeste. Sa vieille tante possède encore quelques revenus : pourquoi ne se déciderait-elle point à habiter la capitale? Il lui écrit de venir, elle arrive, et voilà notre homme

comme à cette époque-ci, dans la presse et ailleurs, un assez grand nombre de coquins.

hors d'inquiétude. Janotin mignon sera cajolé, choyé, bien nourri, car la tante est un cordon bleu émérite. Si vous saviez comme elle fait divinement la pâtisserie, cette bonne tante ! et les sauces à la lyonnaise ! Peste ! quelles sauces [1] !

[1] Dans un grand nombre de ses feuilletons, Janin fait l'apologie du gourmand. Drames, comédies, vaudevilles sont négligés lorsqu'il s'agit de louer Carême ou quelque autre cuisinier d'élite. Il s'exprime ainsi à propos de la publication des *Classiques de la table* : « Rien qu'à ouvrir ce livre-là, l'eau vous en vient à la bouche : livre plein de sel et de suc, écrit par des hommes qui étaient pleins de leur sujet. Rien qu'à ouvrir ces pages resplendissantes, il vous semble que vous entendez le tic-tac de la broche, le rissolement du fourneau, le duo nourricier de la poêle et du pot-au-feu : douce fumée, vapeurs suaves, odorant nuage ! Profession difficile et périlleuse que la profession du gourmand ! profession qui demande une grande science, une forte tête, et de la santé à revendre ! » A la bonne heure, voilà du style qui part de l'estomac. Janin, du reste, n'est gourmand que chez

Mais tout est cher à Paris; le loyer seul prend la moitié du modeste revenu de la bonne femme.

— Il va falloir travailler, mon garçon, dit-elle à Jules, autrement nous n'y suffirions pas.

Craignant de voir péricliter la cuisine, Janin cherche des leçons au cachet; il en trouve, et nous le voyons enseigner intrépidement, dans l'intérêt des sauces à venir, le latin, le grec, la géographie et l'histoire. Sur toutes ces matières, la

les autres. Lorsqu'il invite ses amis à déjeuner, rue de Vaugirard, il ne leur fait servir qu'un œuf sur le plat. Il faut qu'il professe pour eux une estime très-grande pour aller jusqu'à la côtelette. Ses convives se vengent de cette lésinerie en criant partout qu'il n'a pas les manières d'un homme bien élevé, et qu'il suce ses doigts à table.

science du jeune instituteur est loin d'être complète, mais ceci n'est qu'un inconvénient médiocre.

« Avec huit jours d'avance, dit-il, j'aurais enseigné l'hébreu et le syriaque. »

O Burnouf! Burnouf! nous ne savons pas si tu es mort; mais, dans ce monde ou dans l'autre, tu dois singulièrement regretter ta méprise!

Jules n'avait affaire, du reste, qu'à des élèves sots et têtus.

« Ils ne comprenaient rien, dit-il, et je m'enseignais à moi-même tout ce qu'ils ne pouvaient apprendre. »

En attendant, les leçons étaient payées Jules eut dès lors une bourse assez rondelette. Il donnait quelques écus de temps à autre à la vieille tante, et le diable seul peut dire où passait le reste. Notre homme avait de nombreux camarades et de gentilles amies. La troupe folâtre aimait la gaudriole et les fins soupers. Quelles bombances! Figurez-vous que Jules a l'indiscrétion de nous apprendre le nom de ces dames: elles s'appelaient Alexandrine, Rose et Lili.

« Mon Dieu! la grisette parisienne, ce n'est pas un rêve! c'est le seul être gracieux de la vie poétique!... Ces pauvres petites nous arrivaient le *museau* glacé et la *patte* rougie par le froid. »

N'allez pas croire que cette *patte* et ce *museau* soient une hardiesse de style, un manque de respect, un défaut de galanterie; en vérité, non. Jules est tout à fait dans la couleur de ses souvenirs. A l'époque où nous sommes de son histoire, il meurt d'envie d'avoir un chien. Toutes ses pensées, toutes ses expressions portent le cachet de cette fantaisie.

« Un chien! cela bondit, cela pleure, cela rit, cela joue avec vous et comme vous! »

— Mais, dit la vieille tante, si tu achètes un chien, le propriétaire nous donnera congé.

— Bah! répond l'intrépide partisan de la race canine, nous déménagerons!

Ce n'est plus un désir, c'est une rage.

Il court au marché aux chiens. Son cœur tressaille aux aboiements multipliés qui se font entendre; il s'émerveille, il palpite, il tremble de joie, en voyant autour de lui toute cette marchandise vivante, qui grogne, qui jappe, qui

montre les dents ou qui remue la queue.
Janin passe de la levrette au boule-do-
gue, du carlin au terre-neuve, du grif-
fon à l'épagneul, du chien courant au
chien de basse-cour. Il se fait donner la
patte par tous ces quadrupèdes, étudie
leur race, demande des renseignements
sur leur moralité, sur leur caractère, et
finit par choisir un affreux barbet aux
oreilles absentes, au poil hérissé, mais
qui lui a tendu plus amicalement que
tous les autres sa patte couverte de
boue.

Janin le paye vingt-cinq francs[1], lui

---

[1] Il y a une autre version sur le barbet. Quelques historiens prétendent qu'il fut donné à Janin par l'épicier du coin, et lui-même l'insinue dans ses *Contes nouveaux*. Nous préférons la version du marché aux chiens. Elle nous a été racontée par ce pauvre Ladvocat,

donne le nom d'Azor, l'emmène, et vient le présenter à sa tante.

Celle-ci est désolée. Toutefois, à l'aspect de l'affection touchante qui règne entre le barbet et son acheteur, elle passe à l'attendrissement et dit aux voisins :

— J'avais, en vérité, grand tort de me plaindre : Azor et Jules sont deux frères !

Avec un chien, des amis, des grisettes et une bourse pleine, Jules menait une

ce phénix des libraires, sur le cercueil duquel Janin a jeté tant de fleurs. Il eût mieux fait de le secourir pendant sa vie. Ladvocat est mort à l'hôpital, après avoir versé plus d'un million dans la poche de certains gens de lettres. Jules était un de ses auteurs favoris ; ils se tutoyaient. Ladvocat lui avait commandé deux articles pour les CENT ET UN, — *l'Abbé Châtel* et *le Marchand de chiens*. Vous voyez ? *le Marchand de chiens* : l'histoire de Ladvocat est la bonne.

existence filée d'or et de soie. Mais, l'été
venu, ses élèves partirent aux champs
avec leur famille.

Plus de leçons, plus de soupers. Notre
héros travailla quelque temps dans une
étude, puis il s'engagea comme professeur, à cinquante francs par mois, dans
la pension Bimar, où quelques Parisiens
se rappellent encore d'avoir appris le
rudiment sous sa férule.

L'instituteur Bimar était un fort honnête homme, mais qui, aux yeux des
dévots outrés de l'époque, avait le défaut
capital de ne pas être congréganiste. On
décria sa maison, les familles lui re-
tirèrent leurs enfants, la gêne arriva ; bref, le pauvre homme reçut, un
jour, certain message sur timbre, dont

le coût était de cinq francs quarante centimes, et qui lui annonçait pour le lendemain la saisie de ses meubles.

Il ne ferme pas l'œil de la nuit.

L'aurore paraît. On frappe à sa porte. Déjà les huissiers, grand Dieu ! Bimar frisonne, il ouvre ; mais, en reconnaissant le visiteur matinal, il respire. C'est un ami, c'est Janin.

Notre héros, nous ne savons trop comment, vient d'apprendre qu'il y a péril en la demeure. Trois mois lui sont dus. Il n'a pas touché un centime depuis son entrée dans cette pauvre maison. Ne rapportant rien à sa tante, celle-ci ne lui prépare que des repas fort maigres.

—C'est bien le diable, pense Janin, si

de ce désastre, je ne retire pas au moins de quoi faire un déjeuner passable!

Sa gourmandise lui suggère un plan sublime.

— J'ai besoin d'argent, dit-il à Bimar, et vous me devez cinquante écus.

— Ah! mon cher garçon, murmure l'instituteur, dont les yeux sont mouillés de larmes, il n'y a plus rien en caisse. Hier, nous avons acheté le dîner à crédit, et ce matin les huissiers vont venir.

— Je le sais, dit Jules. Si je me suis levé de bonne heure, c'est pour vous aider à sauver quelque chose de leurs griffes, afin de me payer, bien entendu.

— Hélas! que pouvons-nous sauver? Des meubles? le concierge ne les laissera pas sortir.

— Une idée ! fit Jules, qui se posa le doigt sur le front. Vous avez du vin en cave ?

— Oui.

— Combien de pièces ?

— Une seule ; elle est intacte.

— Bon ! voilà ce que je voulais savoir. Laissez faire !

Il sort en courant. Vingt minutes après on le voit reparaître, affublé d'une blouse, coiffé d'une casquette, et traînant un haquet, sur lequel se trouve une futaille.

— Courez avertir M. Bimar, dit Jules au concierge de la maison. Il faut changer la dernière pièce de vin qui lui a été fournie. Allons, vite ! et revenez me donner un coup d'épaule.

Cet homme ne reconnaît pas le professeur sous l'accoutrement dont il a fait choix. On descend la nouvelle futaille à la cave, on remonte l'ancienne, et Janin, s'attelant au haquet, repart au galop.

La pièce laissée en échange est remplie d'eau pure.

A une heure de là, Jules, qui a négocié la futaille et son contenu, rentre avec ses habits ordinaires.

— J'ai mes cent cinquante francs, dit-il à Bimar. En voulez-vous quittance? venez, je vous signerai cela chez Véfour.

— Chez Véfour? balbutie le brave homme avec surprise.

— Oui. Au diable la baraque! foin des huissiers!

Il entraîne l'instituteur, lui paye un déjeuner monstre, et le grise royalement.

Lorsque Jules raconte cette anecdote, il donne le menu du repas, la carte des vins, le chiffre de l'addition et termine en disant : — « Pauvre Bimar ! j'ai réussi tout un jour à le consoler de sa ruine. C'est la plus belle action et le meilleur déjeuner de ma vie ! »

En attendant Janin se trouve sans place. Les leçons au cachet ne sont point revenues ; l'automne est magnifique, personne encore n'a quitté la campagne.

Suivi de son frère Azor, il se promène sous les avenues silencieuses du Luxembourg.

Ne pouvant alimenter son estomac que d'une façon très-médiocre, il cherche à nourrir son âme par des lectures solides. Entre les innombrables merveilles que possèdent les lettres françaises, le recueil des feuilletons de Geoffroy lui semble le premier livre auquel un homme de goût doive accorder la préférence.

O le plaisant esprit d'un poëte ignorant
Qui, de tant de héros, va choisir Childebrand!

Preuve de vocation, va-t-on nous dire. Jadis les femmes de la cour de Lycomède virent Achille se précipiter sur des armes. A quarante siècles de distance, on voit Janin se précipiter sur des feuilletons de théâtre.

Nous répondrons à ceci tout à l'heure.

Laissons notre héros parcourir ces pages loyales et consciencieuses, où Geoffroy déshabille les talents de son époque et les rapetisse au point d'en faire des nains. Il est émerveillé du sans-façon avec lequel ce critique traite les célébrités les plus reconnues [1] : Voilà donc où peut conduire la plume? Quelle puissance! On n'a pas besoin de créer des chefs-d'œuvre ; il suffit d'analyser, de disséquer, de critiquer ceux des autres. C'est beaucoup moins difficile, et l'on acquiert autant de gloire.

— Ah! se dit Janin, si je pouvais être journaliste!

[1] Geoffroy a toujours nié le génie de Talma.

Sur ces entrefaites, Azor, courant dans les avenues, fit la connaissance d'une levrette mignonne, qui parut vouer au barbet un sentiment tendre, car elle vint sauter et gambader avec lui jusqu'aux pieds de Janin.

— Ici, Flora!... Veux-tu t'en aller, vilaine bête! dit une jeune dame, fort élégante, accourant pour chasser le barbet à coups d'ombrelle.

La seconde apostrophe, et la plus disgracieuse, s'adressait à Azor.

— Madame, dit Jules, permis à vous de trouver mon chien déplaisant, mais je vous supplie de ne point le battre.

Un jeune homme, dont la dame venait de quitter le bras pour empêcher sa levrette de fréquenter Azor, arriva sur le lieu de la scène et fit au maître du barbet quelques excuses polies sur la vivacité de sa compagne.

Tout à coup ce jeune homme pousse un cri, Jules en pousse un autre. Ils viennent de se reconnaître et s'embrassent avec effusion. Ce sont deux amis de Louis-le-Grand.

Azor et la levrette profitent de la circonstance pour reprendre leurs ébats. La dame n'ose plus se plaindre.

— Je te fais mon compliment, dit le jeune homme, tu te portes comme un charme. Quelle mine fleurie ! quelles joues rubicondes !

— Eh ! oui..... la misère ! répond Jules en souriant.

— Fi ! quel mot ! doit-on jamais le

prononcer à notre âge? Si tu n'es pas entré dans une carrière lucrative, imite-moi; taille une plume et fais des articles pour les journaux.

— Hein!.... qu'entends-je?.... tu es journaliste! s'écria Jules pressant avec transport les mains de son ami. C'est merveilleux! à l'instant même je songeais à le devenir.

— Eh bien, je t'offre ma protection.

— Je l'accepte, avec reconnaissance, avec bonheur !

— C'est dit. Viens ce soir dîner avec moi chez madame (Janin fit un profond salut): Madame est une des artistes les plus distinguées du boulevard (Janin salua jusqu'à terre). Nous irons ensemble à l'Opéra-Comique, où madame t'offre une place dans sa loge (Janin faillit tomber à genoux).

— Ah ! madame, que de bonté ! murmura-t-il. Je vous jure...

— Ici, Flora ! dit la dame distraite. Pardon, monsieur. Oui, c'est entendu, nous vous attendons à dîner ce soir ; mais ne nous amenez pas votre vilain chien !

Ils se séparèrent.

A partir de ce jour, il y eut entre Azor et Jules une grande froideur. Pourtant le barbet seul avait causé la bienheureuse rencontre. Son maître lui devait tout, la protection du journaliste, un dîner confortable, un fauteuil dans une loge de face, aux côtés d'une jolie femme, et des espérances à n'en plus finir.

Mais ce n'est pas la première fois que les chiens ont à se plaindre de l'ingratitude des hommes.

Le barbet tomba dans le désespoir. Il avala, dit la chronique, une boulette empoisonnée, qui lui fut perfidement offerte par le propriétaire. Janin ne pleura même pas la mort de cet ami fidèle, tant il éprouvait de joie de mettre un pied dans le journalisme.

Son ex-camarade de classe venait de le faire recevoir au nombre des rédacteurs de *la Lorgnette*[1].

Et si l'on nous reproche de raconter un peu trop à la légère ces particularités entièrement véridiques, nous adresse-

[1] Feuille de chou théâtrale, où Janin reçut en partage le compte rendu des pièces de l'Ambigu-Comique

rons une question fort simple à nos lecteurs; avant d'accepter le blâme ; nous demanderons :

— Vous est-il jamais venu à l'esprit de prendre Janin au sérieux ?

Tous vont me répondre :

— Oh ! non, certes !

Alors de quoi vous scandalisez-vous ? Le ton de cette biographie convient à son sujet.

M. Janin est un fort honnête homme, un citoyen recommandable : à ce point de vue, nous lui accordons toute notre estime, et c'est quelque chose. Mais pourquoi s'est-il avisé d'aborder la littérature ? où était la nécessité qu'il devînt feuilletoniste ? avait-il besoin de se fourrer dans cette galère ? Dites-le-

nous, s'il vous plaît, là, franchement,
est-ce que ce gros visage naïf, créé pour
la bonhomie, la candeur et le sourire,
devait jamais fulminer de l'œil et montrer les dents? Voyez cette main potelée, fine et rondé; la destinée d'une
pareille main, quoi qu'on dise, était de
faire constamment patte de velours, et
voilà que notre homme y laisse pousser
des griffes.

Ah! malheureux Jules! quelle folie!
Pour exercer avec dignité la critique,
n'importe en quel genre, il faut être sûr
de soi-même; il faut avoir affermi son
jugement par de graves études; il faut
sonder sa conscience, descendre au fond
de son âme, et savoir si la raison, la sincérité, la justice y résident.

Avez-vous fait cela? répondez.

La critique est un sacerdoce, mon pauvre garçon, ne vous y trompez pas; elle demande une grande force morale, un esprit sain, dégagé des ténèbres de l'ignorance, et qui soit à l'épreuve de la rancune, de la jalousie, du caprice. Pour devenir un bon critique, il ne suffit pas de dépouiller la redingote crasseuse d'un pion de collége, de ramasser une plume n'importe où et de s'embusquer au coin d'un journal pour attendre les auteurs : non, vraiment, Janin, ce n'est point cela, mon ami !

Vous avez beau nous menacer d'un procès, vous entendrez, et le public entendra ce que nous avons à dire.

Il n'y a pas de juges en ce monde qui

voudront étouffer notre voix, lorsqu'il s'agit de la défense des lettres. Et puisque nous parlons des juges, vous n'ignorez pas, mon cher, qu'ils ont appliqué dans tous les siècles la peine du talion. Votre biographie n'est pas autre chose qu'une application de cette peine. Résignez-vous à subir les coups de verge que vous avez infligés si souvent aux autres.

Jules Janin lui-même nous a tendu jusqu'ici le fil biographique.

Nous l'avons suivi pas à pas dans le dédale un peu confus de son propre récit : maintenant nous le retrouvons journaliste, avec le théâtre de l'Ambigu sous sa coupe.

Tous les soirs, il traverse la Seine et

suit la rue St-Martin jusqu'au boulevard; il tourne à droite, fait deux cents pas, traverse la chaussée d'un pied leste, et le voilà dans son empire.

Les nymphes de l'endroit le cajolent et le courtisent pour obtenir dans *la Lorgnette* quelques lignes flatteuses; mais en arrière elles se moquent de lui et le baptisent du nom de *Jean-Jean*.

Cette sotte dénomination provient du J. J. que le nouveau rédacteur place comme signature à la fin de ses articles.

Bientôt on ne se gêne plus, et la raillerie prend ses coudées franches.

—Eh! bonjour, monsieur *Jean-Jean!* crient ces dames. — Comment vous portez-vous, monsieur *Jean-Jean?* — Tu n'as pas lu le dernier article de *Jean-Jean*, ma chère? — On dévore les articles de *Jean-Jean*. — Ce gros *Jean-Jean* devient à la mode. — Payez-vous à souper ce soir, *Jean-Jean*, mon ami?

Notre homme se fâche tout rouge.

Les petites causes engendrent les grands effets, comme l'a victorieusement démontré M. Scribe : toute l'histoire du prince des critiques découle du sobriquet de *Jean-Jean* [1].

Au lieu de prendre une tenue digne et de repousser par le dédain ces plaisanteries niaises, le rédacteur de *la Lorgnette* avise que sa plume est une arme

---

[1] En arrière ses amis le nomment *Jeannot*. Quelques-uns poussent l'inconvenance jusqu'à l'appeler Janin, dit l'*Ane mort*.

et qu'il peut s'en servir contre les railleurs.

Jugez alors des comptes rendus!

Ce n'est plus la vérité qui les dicte; la conscience n'y est pour rien.

Vous m'avez appelé *Jean-Jean*, madame? cela suffit : je ne reconnais à votre jeu ni mérite, ni délicatesse, ni grâce; vous n'avez point d'élan, vous manquez de verve. Le public vous trouve détestable, et vos épaules sont maigres.

Quel est, je vous prie, cet individu qui passe d'un air distrait? C'est l'auteur de la pièce nouvelle. Il ne m'a pas salué, ce me semble? Attends un peu, attends donc!

Et *la Lorgnette* vous rédige un délicieux article, tout frétillant d'épigrammes. L'auteur est aiguillonné, lardé, percé à jour. Sa pièce est une œuvre sans nom, quelque chose de monstrueux et d'horrible, où l'absurdité donne les mains à la sottise, où le style et le bon goût ne brillent que par leur absence... et cela t'apprendra, maroufle, à cultiver la politesse!

M. Janin se complaît dans ce système. Il réussit, de nos jours, à développer sa tactique sur une échelle immense. Arbitre absolu des destinées théâtrales, il les règle à sa fantaisie et les fait pivoter sur la pointe flexible de son caprice.

On doit, si l'on veut obtenir ses bonnes grâces, être continuellement à ses genoux. Dorlotez-le, mignotez-le, flattez-le ; brûlez-lui sous les naseaux tous les parfums de la louange. Grattez et regrattez la nuque à ce perroquet hebdomadaire qui jase tous les lundis sur le perchoir des *Débats*. N'oubliez pas de lui dire qu'il est mignon, qu'il est beau, qu'il a bon bec et gentil plumage.

Surtout ne lui reprochez pas de répéter tous les lundis la même chanson.

Vos affaires iront pour le mieux, soyez sans crainte. Il vous rendra toutes vos gentillesses au centuple, il vous caressera de son style le plus moelleux, il vous bichonnera de ses phrases les plus douces, il vous étendra sur le lit de fleurs de ses périodes, il vous inondera de la pommade la plus odorante de ses feuilletons.

— Mais, si vous n'avez pour lui ni prévenances délicates, ni procédés flatteurs; si votre obséquiosité, toujours en éveil, ne se prosterne pas à plat ventre devant ce grand Lama des coulisses, vous êtes perdu.

Faites vos adieux à la gloire dont il tient tous les rayons pour les distribuer à sa guise.

Jamais la célébrité ne couronnera votre front d'une auréole, si vous avez été pour ce bon M. Janin sans respect, sans vénération, sans égards.

Oubliez de vous découvrir quand il passe; et vous resterez dans ces limbes obscurs où il plonge les plus beaux talents, lorsqu'ils ne s'inclinent pas devant sa ronde et majestueuse personne.

« Ah ! c'est à prendre ou à laisser, vous dira Jules. Ceci est ma profession de foi ; vous avez la mesure de ma conscience littéraire. Je fais de la critique, il faut que cela me rapporte quelque chose. Eh ! de quoi vous plaignez-vous en fin de compte ? Je n'ai jamais eu, Dieu merci, la prétention de fouiller dans vos poches. Me voyez-vous, la plume au poing, la phrase chargée à mitraille, m'embusquer au coin des *Débats*, comme un bandit napolitain, pour dévaliser les directeurs, rançonner les auteurs et demander aux malheureux acteurs la bourse ou la vie ? Gardez votre argent, mais saluez, morbleu ! »

Parfaitement dit, gros père.

Nous savons que vous êtes honnête homme; déjà nous l'avons déclaré plus haut; nous le répétons et nous le répéterons encore.

Ce n'est pas vous qui déshonorez la littérature et qui inventez le vol au feuilleton. Dieu nous préserve de vous soupçonner de ces manœuvres ignobles qui s'exercent en pleine civilisation et en plein soleil.

On ne vous refuse pas la main, à vous. Un directeur de l'Opéra ne vous fera jamais la sanglante injure de vous tendre un billet de mille francs au bout d'une paire de pincettes.

Mais si vous laissez aux bandits napolitains la critique à plume armée ; si derrière le feuilletoniste, personne n'a le droit d'aller souffleter l'homme et de lui reprocher la vénalité de sa phrase, le commerce impur de ses articles, l'homme est sauvé, l'écrivain ne l'est pas.

Il est expressément défendu au critique d'être fantasque ; il n'a pas le droit de se montrer capricieux[1]. Ses rancunes personnelles, ses susceptibilités ridicules, son amour-propre, son orgueil, ses antipathies ou ses sympathies ne doivent pas franchir le seuil de son cabinet de travail.

[1] « Mademoiselle Rachel, dit *l'Artiste*, a été mauvaise,—dans cent cinquante feuilletons de M. Janin,— pour avoir oublié de lui donner des bonbons le jour de sa fête. »

C'est un sanctuaire où le dieu des arts lui ordonne d'accueillir indistinctement amis ou ennemis.

Le jour où le prêtre manque de justice et d'impartialité, qu'on le chasse de l'autel!

Or, vous êtes ce prêtre-là, messire Janin.

Quelle est, dans notre siècle, la gloire véritable dont votre critique n'ait pas essayé d'obscurcir la splendeur? Vous avez traité Balzac avec une irrévérence que sa tombe illustre vous reproche aujourd'hui comme un crime. Tout ce qui était grand, tout ce qui était beau, vous avez voulu le rapetisser et l'enlaidir. Pygmée jaloux, vous attaquiez les géants et vous leur mordiez le talon pour les arrêter dans leur marche. Si quelquefois, après avoir insulté le génie, on vous a vu tout à coup lui rendre hommage, vous n'avez été mû ni par le regret ni par le repentir. On peut être sûr que le vent d'une rancune ou d'une jalousie plus forte soufflait dans les barbes de votre plume, et lui faisait opérer cette brusque volte-face.

Ainsi Victor Hugo, que vous aviez méconnu, contre lequel vous avez écrit des pages si dédaigneuses, Victor Hugo maintenant est *le roi des poëtes;* vous l'appelez *écrivain sublime;* il est devenu pour vous *l'aigle aux ailes puissantes.*

Cachez mieux votre ficelle, mon cher!

Il ne vous manquait plus, parbleu, que
d'avoir des haines politiques[1] !

[1] Les tendresses orléanistes de M. Janin sont connues. Il doit à Louis-Philippe ce ruban rouge qu'il était si malheureux de ne pas avoir. Une fois décoré, Jules n'eut plus qu'une préoccupation, celle de se faire pardonner son ruban par des amis jaloux. Il rencontre un jour Théodose Burette, professeur d'histoire, et dit : « Ah çà ! pourquoi ne portes-tu pas ta croix ? Tu la mets dans ta poche sans doute pour faire la cour au *National* ? — Tu m'affliges, répond Burette. Je ne suis pas décoré. — Par exemple ! toi ! le seul homme qui sache l'histoire de France ! Demande une audience au ministre, je t'accompagnerai. Tu auras le ruban ; j'en fais mon affaire ! » Huit jours après, ils s'en vont bras dessus bras dessous à l'instruction publique. Jules est admis le premier à l'audience de M. Villemain. Il reste une heure avec le ministre et dit à Burette en sortant : « L'affaire est dans le sac, mais j'ai eu un mal ! Remercie bien le ministre au moins ! » Introduit à son tour, le professeur se confond en actions de grâce, et M. Villemain de répondre avec un ton de glaciale impertinence. « Que signifie tout cela ? M. Janin ne m'a pas dit un mot de vous. Allez, monsieur ! » Burette en fit une maladie. Jules a toujours affirmé qu'il avait eu la parole du ministre. Cela n'a rien d'impossible.

On n'est pas plus maladroit et plus inconséquent que vous l'êtes. Pourquoi souffleter ainsi votre présent avec votre passé? que croyez-vous y gagner pour l'avenir?

Ah! vous n'êtes plus alerte, Janin, mon ami! La corde devient flasque, le balancier vous tombe des mains. Vous n'allez plus ni en avant ni en arrière. On assure que votre esprit prend du ventre et qu'il tourne sur lui-même comme un tonton.

Mais laissons dire les méchantes langues Il faut achever notre tâche.

La vieille tante de Jules, sa seconde mère, a rendu le dernier soupir, après avoir dépensé son dernier écu[1]. Janin

[1] On affirme qu'elle est morte abandonnée, sans

donne congé de l'appartement qu'ils occupaient ensemble et se réfugie dans une mansarde du quartier Saint-Jacques, bien qu'il fût alors très à son aise.

C'était un genre qu'il se donnait.

Pendant huit mois seulement *la Lorgnette* eut les honneurs de sa féconde et spirituelle rédaction. Janin passa tout à coup au *Figaro* avec armes et bagages. Cette feuille, qui venait à peine de naître, avait déjà toutes ses dents.

« C'était, dit Jules, un journal plein d'indignation et de fiel. Chaque matin éclataient

---

pain et sans feu. C'est impossible. Jules Janin n'a pas été ingrat à ce point pour l'amie dévouée de son enfance, pour la bienfaitrice qui s'est saigné les veines, qui l'a logé, nourri, entretenu pendant toute sa jeunesse et ses longs débuts dans la littérature. Encore une fois, c'est impossible.

de nouveaux sarcasmes, de nouvelles colères. Nous étions tous méchants sans méchanceté et cruels sans le savoir. »

Bon apôtre !

Pourquoi n'ajoutez-vous pas que vous étiez spirituel sans esprit et que vous amusiez le public sans vous en douter?

Janin contribua puissamment au succès du *Figaro*[1]. Il s'y montra tout à

---

[1] Outre sa collaboration à cette feuille, il a travaillé dans le *Journal des enfants*, dans le *Magasin des familles*, dans la *Revue de Paris* et dans *l'Artiste*. Avant de passer aux *Débats*, il a rédigé le feuilleton de *la Quotidienne* et celui du *Messager*. Le premier de ces journaux a publié de Janin une nouvelle qui a pour titre *les Cheveux de la reine*. Il était légitimiste alors; mais depuis... « L'homme absurde est l'homme qui ne change jamais. »

A l'époque où notre héros était à *la Quotidienne*, il inventa *le Marchand de canards*, ce type curieux oublié par Balzac dans la *Monographie de la presse parisienne*. Un de ses amis le tourmentait continuel-

la fois jovial et agressif. On cite comme
son plus glorieux fait d'armes, ce bizarre
discours de réception académique, au
bas duquel se trouvaient ces mots pour signature : *le Duc de Montmorency.*

lement pour l'insertion de quelques articles. « Impossible, dit Janin, tu écris comme une huître. Si tu veux
gagner de l'argent, voici ce que tu as à faire. Invente
des bourdes, creuse ton imagination pour trouver des
suicides étranges, des assassinats horribles. Dis qu'une
femme est accouchée d'un enfant cornu; affirme qu'un
serpent de mer de trois cents mètres de longueur a paru
sur les côtes du Havre, etc. Onze ou quinze lignes pour
chaque article. S'il est de nature à provoquer une ré-
clamation, tant mieux, on te le paiera double. » L'ami
suivit le conseil, et l'industrie a pris de nos jours un
développement immense. Nous avons vu un marchand de canards dans les bureaux de M. Dumont,
de *l'Estafette.* Il entre, salue et tire de sa poche une
multitude de petits papiers qu'il fait lire au rédacteur.
— Combien celui-ci ? — Deux francs. — C'est trop cher;
trente sous. » On le paie et il va proposer ses volatiles
à d'autres journaux. Ce commerce est lucratif.

Le dernier rejeton de la grande famille venait d'être admis au nombre des Quarante.

Il protesta dans *la Quotidienne* contre la burlesque harangue du *Figaro*. Les autres feuilles monarchiques réclamèrent également en son nom.

Janin tenait sa réponse toute prête :

« — A qui diable en avez-vous, monseigneur? s'écria-t-il. Vous avez donc été reçu à l'Académie française? Pardieu! je l'ignorais, je vous assure, et c'est bien involontairement que j'ai trompé le public. M. le Duc, aubergiste du *Cheval-Blanc* à Montmorency, s'est fait recevoir membre de la société chantante de ladite ville. J'ai donné le compte rendu de la séance et j'ai publié le discours du récipiendaire. Vous n'êtes pour rien dans la chose... désolé du quiproquo ! »

Le double sens était fort adroitement maintenu d'un bout de l'article à l'autre.

Victime de cette bouffonnerie singulière, le noble duc vit tous les rieurs se mettre du côté de Janin. Triboulet n'eut jamais succès semblable, même en se moquant de François Ier, son maître.

Nous avons vu le collégien de Louis-le-Grand faire acte de libéralisme, dès l'âge le plus tendre : jugez comme il griffa cette malheureuse Restauration, lorsqu'il eut entre les mains une plume de journaliste ! Le renversement du trône de Charles X est l'ouvrage de Jules; il vous l'affirmera lui-même, et, si vous le poussez un peu loin, vous l'entendrez professer les doctrines les plus révolutionnaires.

« L'opposition a été ma vie à moi, comme à d'autres la défense du pouvoir est leur vie. Le premier qui a jeté des paroles d'opposition après Juillet et qui les a signées, c'est moi. »

Diable d'homme! c'est vrai pourtant. *Barnave* est là pour le dire. Jamais diatribe plus violente ne fut publiée contre la maison d'Orléans. Le balancier penchait alors à gauche; il s'est, depuis, incliné fortement vers la droite, et Jules a dansé pour la branche cadette.

J'suis né Paillasse, et mon papa,
  Pour m'lancer sur la place,
D'un coup d'pied queuqu'part m'attrapa
  Et m'dit : saute, Paillasse !
    T'as l'jarret dispos,
  Quoiq't'aies l'ventre gros

Et la fac' rubiconde.
N'saut' point-z-à demi,
Paillass' mon ami,
Saute pour tout le monde !

O vieux Béranger ! si Jules nous intente un procès, nous te mettrons en cause.

En ce temps-là notre héros fit connaissance de mademoiselle Henriette L...., fille d'une portière de la rue de Tournon, charmante et gracieuse personne qui doublait les ingénues à l'un des principaux théâtres de Paris.

Henriette imitait ses compagnes et cherchait à gagner la bienveillance de Janin.

Mines pleines de gentillesse, provoquants sourires, chatteries de femme délicates et mignonnes, rien n'était négligé pour fléchir ce gros garçon, devenu le Croquemitaine des coulisses, et dont les articles faisaient peur.

Quand on est femme, l'embarras est grave, surtout si la critique est exigeante.

Notre jeune artiste osa parfois s'aventurer dans cette mansarde du quartier Saint-Jacques, où le Jupiter théâtral préparait ses foudres.

On obtenait ainsi des articles flatteurs et de bons rôles. Henriette n'avait plus à craindre le froncement de sourcil du feuilletoniste olympien. Jules s'humanisait au regard de la jolie visiteuse; il consacrait galamment une partie des bénéfices de sa plume à l'achat de cadeaux et de parures, qu'on ne refusait jamais, pour ne point réveiller les foudres éteintes.

A la fin du spectacle, tous les soirs, Jules reconduisait la belle rue Saint-Dominique-d'Enfer. Henriette frappait à une porte ; cette porte, une fois ouverte, se refermait sur elle et laissait Janin dehors.

— Je demeure avec ma famille, disait l'actrice, et vous ne pouvez pas entrer, mon ami.

— Cher ange! pensait Janin, repose en paix dans le calme et dans la sagesse! Puissent tous les rêves paisibles te bercer sur leurs ailes d'or!

Et lui-même s'en allait rêver dans sa mansarde solitaire.

Mais, un soir, au foyer du Vaudeville,

Jules apprend qu'il a un rival, et que ce rival est un jeune peintre de beaucoup de talent, logé rue Saint-Dominique.

Grand scandale, duel imminent. D'officieux amis s'interposent. On en vient à une explication douloureuse, mais amiable.

— Jurons de ne plus revoir cette femme! s'écrie le peintre.

— Oui, jurons-le! dit le feuilletoniste.

Ils se frappent solennellement dans la main.

Trois jours après, l'habitant de la rue Saint-Dominique pardonnait à son infidèle, et Jules, de son côté, cherchait sournoisement à revoir Henriette.

— Serment d'amoureux! pensait-il, serment de jésuite!

Mais apprenant que son rival, plus

leste et plus habile, l'a prévenu dans le parjure, il jette des cris de colère, prend la plume et commence le fameux livre de *l'Ane mort et la Femme guillotinée*.

Or Jules n'a pas la clairvoyance suprême. Heureusement pour son héroïne, heureusement pour la morale, tous les frais d'horreur de ce livre sont en pure perte. Le *rêve brûlant de sa vingtième année* (c'est ainsi qu'il s'exprime au sujet de son œuvre) lui montre au réveil Henriette devenue la femme du peintre, sage, fidèle, vertueuse, mère de famille respectable, ayant à la fois l'estime de son mari, celle du monde et l'amour de ses enfants[1].

---

[1] Une autre héroïne de ce livre existe encore. C'est l'énorme soubrette du théâtre des Arts, à Rouen.

Que ceci, messieurs les critiques, vous serve de leçon.

La peur n'a jamais été de l'amour. Ne vous trompez pas sur la nature de votre influence. Tout s'adresse à vos articles, et votre personne, croyez-le, n'est absolument pour rien dans la chose. Parce qu'une pauvre femme a eu le tort d'être craintive, elle n'est pour cela ni démoralisée ni perdue.

De toutes les prophéties de Jules, il

L'auteur l'a peinte dans *l'Ane mort* sous les traits de la bonne qui met sa maîtresse à la porte. Cette habitude indécente de se venger des femmes dans leurs écrits est commune à beaucoup de littérateurs de notre siècle. Si Jules a divulgué ses peines de cœur, en revanche il a crié sur les toits ses triomphes amoureux. Cela fait compensation; mais nous ne croyons pas que mademoiselle Georges soit très-flattée de ces forfanteries.

ne reste qu'un méchant livre. Cet Isaïe boiteux a trébuché contre la rancune et s'est cassé le nez contre le mensonge.

Outré ce roman de *l'Ane mort*, notre homme en a commis quelques autres; mais, si l'oubli du public équivaut au pardon, M. Janin peut dormir sans inquiétude. La *Confession*, cette guenille encyclopédique trouvée dans la garde-robe du vieil Arouet, jointe aux six volumes des *Contes* plus ou moins *fantastiques* et plus ou moins *nouveaux*, ne constituent pas un bagage d'écrivain très-précieux, même si l'on y ajoute *Un cœur pour deux amours* et le *Chemin de traverse*.

M. Nestor Roqueplan, qui sait son Janin sur le bout du doigt, affirme que

« *les Gaietés de Toulouse* et *la Religieuse champêtre* sont de petites coquineries littéraires, dont le souvenir a moins duré que le papier et qui sont allées protester sous le pilon contre l'indifférence publique [1]. »

Assez bon juge, quand il ne s'agit pas de musique, Nestor s'écrie quelque part, en s'adressant à Jules :

[1] Lorsque la littérature illustrée prit naissance Jules Janin vendit aux libraires une multitude d'œuvres de pacotille, dont les principales sont : *les Catacombes, — un Hiver à Paris, — un Été à Paris, — Suite de Manon Lescaut, — le Gâteau des rois, — Voyage en Italie, — la Bretagne historique, — Voyage de Paris à la mer, — Histoire de la littérature dramatique*; etc., etc. Son résumé de *Clarisse Harlowe* est détestable; il a gâté Richardson, comme Florian a gâté Cervantes. Le texte des *Galeries de Versailles* a eu M. Janin pour rédacteur.

«Vous êtes un écrivain irrésolu, impuissant, et surtout frivole. Vous êtes affublé de dentelles en imitation, vous secouez avec affectation les falbalas pompeux d'une robe fanée, dont le tissu aux couleurs fausses ne se rehausse jamais par un dessin pur et correct. Votre phrase déchiquetée, frangée, élimée s'en va par morceaux. Ces incidences dont vous abusez et dont les bons écrivains se servent pour reposer le lecteur, deviennent entre vos mains des poteaux trompeurs pour l'égarer dans sa route. Quelquefois puni par vous-même et enfermé dans cette phrase sans issue, vous bourdonnez à l'aventure pour en sortir, comme une guêpe contre une vitre : alors, vite les tirets, — vite une citation pour dégager M. Janin qui se cogne le front contre les parois de son grand style! »

Pas trop bête! comme dit Figaro.

Nestor jugé à la fois le critique et l'écrivain. Son opinion sur Jules est en tous points conforme à la nôtre et à celle du plus grand nombre. Nous citons toujours :

« Votre attaque, lui dit-il, n'est jamais franche; le trait, à force d'être barbelé comme une arme chinoise, ne pénètre pas. Lutteur sans poignet, vous recourez au croc en jambe. — Bruit sans coup, — tonnerre sans foudre, — feu d'artifice mouillé, dont les soleils partent à l'aventure. Votre plume crache, étoile le papier et ne sait pas courir droit; votre phrase est incertaine et insoumise, elle marche au hasard et sans ordre; elle semble soustraite à votre volonté comme les membres d'un homme malade de la moelle épinière. Les mots abondent, le mot ne vient jamais. Quand on la dissèque, cette phrase grassouillette, pouparde et vieillotte, on s'aperçoit que l'enveloppe ne recouvre pas un muscle, pas un ligament, pas une veine. »

Tout cela n'est que trop véritable. M. Janin, comme la plupart des critiques, est une sorte d'eunuque littéraire. Privé de la puissance génératrice, il berce quelquefois les enfants des autres; le plus souvent il les dévore.

Sauvageon sans culture, il pousse à tort et à travers des branches folles et des rameaux gourmands, sur lesquels on n'aperçoit jamais un bouton, jamais une fleur.

Il déteste les arbres fruitiers.

C'est un orfévre qui n'emploie que la chrysocale, un joaillier qui ne monte que du strass.

Ses œuvres contiennent toutefois une chose excessivement remarquable : c'est l'épisode des *Deux filles de Séjan*, dans *Barnave*.

Par malheur, ce diamant a été ciselé par Félix Pyat [1].

Il est reconnu que Jules Janin, dans le livre, reste au-dessous du médiocre. Jamais il n'a pu jeter le plan d'une scène de drame. Tous les genres lui glissent entre les doigts ; aucun ne se fixe sous sa plume. Il a voulu jadis à l'Athénée monter dans une chaire d'histoire ; mais cette chaire, qui était occupée par La Harpe à la fin du dernier siècle, a influé sur la destinée de ce pauvre Jules.

---

[1] Très-liés d'abord, Pyat et Janin se brouillèrent pour cause de dissidence politique. Un article du feuilletoniste des *Débats* sur Joseph Chénier provoqua de la part de Félix Pyat une réplique violente. Traduit devant les tribunaux, celui-ci fut condamné à deux ans de prison. La sentence frappait un peu le diffamateur et beaucoup le républicain.

Comme son devancier, nous le verrons, quelque jour

> Tomber de chute en chute au trône académique.

Triste consolation! Là-bas aussi notre homme aura le fauteuil de La Harpe.

Janin reconnaît lui-même son impuissance; il se condamne à la critique à perpétuité.

O son histoire des *Débats*, si nous pouvions la dire ici tout entière! ô les tours de passe-passe! ô les subtilités, les variations, les sauts périlleux, la farine et l'habit de pierrot! Quelle agilité! quelle prestesse! quel merveilleux jarret pour la danse! Jamais nuage qui passe, mouche qui vole, oiseau qui chante, papillon qui suit le zéphyr et femme qui babille n'ont eu plus de mobilité; plus de bourdonnements, plus de modulations diverses, plus de caprice et plus de langue. Il parle, il parle encore, il parle toujours. C'est un fleuve de mots, un torrent d'épithètes, un océan de phrases. Tout cela ruisselle au hasard, tout cela se précipite, se heurte, se lève ou s'abaisse comme les flots dans la houle.

Le vent souffle, Jules écrit.

Éole, ce dieu fantasque, est là près du critique, s'évertuant sur le papier même, excitant la légèreté de la plume, gonflant le ballon du paradoxe, appliquant sa lèvre au sophisme pour l'enfler outre mesure, et travaillant l'eau de savon de la période pour y faire naître des milliers de bulles étincelantes, qui tourbillonnent en l'air et crèvent où elles peuvent.

C'est le spectacle le plus amusant qui soit au monde.

Dans ce tohu-bohu verbeux, dans ce fatras, dans ce tumulte, cherchez l'idée, vous la trouverez absente. Papillotage de style, faux éclat, citations puériles, répétition systématique des mots, phébus ridicule et redondances éternelles, voilà tout Janin. Le quart d'une idée lui suffit pour accoucher d'un feuilleton de douze colonnes.

Et le chapitre des âneries, juste ciel! oserons-nous l'aborder?

Ce malheureux critique ne sait rien,

et sa prétention de tout savoir lui dicte les choses les plus désopilantes.

S'il aborde l'histoire, il prétend que Charlemagne et ses hauts barons assistaient à la première croisade ; ou bien il s'élève contre ce tyran de Louis XI qui a eu l'infamie de persécuter l'amant d'Héloïse ; ou mieux encore il arrache du front de Villars une branche de laurier pour la donner à Catinat, soutenant mordicus que celui-ci a gagné la bataille de Denain.

Ailleurs il réforme la carte de France et déclare que le Rhône passe à Marseille, parce que Marseille est le chef-lieu du département des Bouches-du-Rhône ; que Smyrne est une île et que Napoléon, à son retour de l'île d'Elbe, a débarqué sur le champ de bataille de Cannes.

Mais c'est en histoire naturelle surtout que Jules est de première force : il nomme pompeusement, le homard *le cardinal des mers.*

Scandalisé de la métaphore, Chevet a prié le critique de vouloir bien passer devant son étalage, afin d'examiner une fois pour toutes un de ces cardinaux avant son entrée dans le court-bouillon.

Vous croyez peut-être que le critique écoute attentivement au théâtre les pièces dont il est chargé de rendre compte? Ah! bien oui! ses yeux ne se tournent même pas vers la scène, et le temps de la représentation se passe en baguenaudes. Janin rit, plaisante, chantonne, lorgne les dames, se promène dans les couloirs ou dans le foyer. Le lendemain, il dira que Samson joue le principal rôle quand c'est Provost. Il confondra le jeune premier avec le père noble, la soubrette avec l'ingénue, la grande coquette avec la duègne, Grassot avec Hyacinthe, Arnal avec Robert, mademoiselle Page avec madame Guillemin.

Toutes les balourdises qui lui viennent sous la plume, il les écrit intrépidement. Pourvu que la copie soit prête à l'heure, peu lui importe le reste.

En voulez-vous un exemple?

D'après M. Janin, *le Dîner de Madelon* [1] aurait été joué pour la première fois au Palais-Royal, en 1812; Minette aurait

---

[1] Voir le feuilleton des *Débats* du 2 octobre dernier.

créé le rôle et donné dans ce vaudeville les preuves d'un prodigieux talent. Quatre colonnes entières sont consacrées à l'éloge du talent de Minette. Or, Minette n'a jamais quitté le théâtre de la rue de Chartres; elle n'a paru à aucune époque ni sur les planches du Palais-Royal ni sur les planches des Variétés, et c'est madame Elomire qui a créé le rôle de *Madelon*. Qu'en dites-vous ? Une simple recherche aurait suffi à cet étrange critique pour ne pas commettre des erreurs aussi flagrantes [1]; mais pourquoi

---

[1] Dans le même feuilleton, Janin prétend que Desaugier était un homme sage, rangé, paisible ; c'était un viveur intrépide. Il affirme que Minette, au début de sa carrière, était dans l'indigence; elle a continuellement roulé sur l'or. On l'a vue, dans ces derniers temps, mourir millionnaire.

e déranger? Le robinet coule, les *Dé-bats* attendent, et ce bon public gobe toutes les bourdes.

Voilà le système-Janin.

Le laisser-aller de sa plume lui a causé bien des tracasseries, bien des querelles, bien des déboires. On a plus d'une fois arraché la batte de cet arlequin littéraire pour la lui briser sur les épaules. Mais qu'importe? il danse toujours.

Au mois d'octobre 1841, notre homme se marie, et, le soir de ses noces, au lieu de prendre la direction de la chambre nuptiale, il s'enferme dans son cabinet pour écrire un feuilleton. De quoi va-t-il parler aux lecteurs? De théâtre? Non. De son mariage? Oui.

C'est la pièce nouvelle de la semaine.

« D'abord ce sera comme une stupeur générale. Quoi donc? Il est marié? Lui-même? A son âge? C'est un homme mort. Que va-t-il devenir, juste ciel! — Et de cette jeune fille, que va-t-il faire? Il en fera une bohémienne, tout comme il est bohémien! »

Ce bel exorde achevé, Jules raconte les obstacles sans nombre qu'il a dû vaincre pour arriver au *conjungo*. Quel métier que celui de prendre femme! que de rebuffades il faut essuyer, grand Dieu!

« Avisez-vous de demander en mariage le premier visage pelé et tondu que vous aurez rencontré grognant sourdement dans un coin. Faites une question indirecte sur la dernière fille à marier, rougeaude et mal dégrossie, qui vous aura fait les plus vives agaceries du monde. — Touchez là, vous n'aurez pas ma fille. »

En vérité, les pères sont bien absurdes. Pauvre critique! le voyez-vous, humble, patient, infatigable, cherchant une femme, comme Diogène cherchait un homme?

Seulement, le gaillard la cherchait peut-être sans lanterne.

O bonheur! il la trouve enfin! tout s'arrange, le contrat va se signer. Chateaubriand écrit à Jules : « Je ne vous bénis pas, parce que tout ce que j'ai béni est tombé. » Mais l'archevêque, qui n'a pas les mêmes raisons que l'auteur des *Martyrs* « envoie à l'heureux futur sa bénédiction et ses prières. »

« Elle alors tremblante, étonnée de tant de suffrages partis de si haut, regardait timidement autour d'elle. Son limpide et chaste re-

gard devenait plus hardi et semblait dire :
Vous voyez bien que j'avais raison !—Cependant l'église était prête, l'autel était paré, la foule était grande ; on n'attendait plus que la jeune fiancée. Elle a paru enfin! On l'a vue telle qu'elle est, jeune, belle, souriante, sincère. On n'est pas plus touchante, on n'est pas plus modeste et plus calme... — Quoi donc, cette petite main blanche et nette, cette grâce accomplie, la sérénité de ce beau visage, cette belle créature, tout cela pour un écrivain, pour... »

Mais taisez-vous donc, indiscret époux! le *National* prête l'oreille. Pourquoi bavarder ainsi en plein feuilleton?

Là, voyez, il est trop tard.

On a pris note de vos aveux, on se moque de vos confidences, et M. Rolle taille sa plume. Ah! Janin! Janin! voici que vous n'êtes plus à la noce, mon cher! Écoutez plutôt :

« Permettez-moi, monsieur, de mêler mes félicitations aux félicitations que vous vous adressez à vous-même et de mettre mon humble grain d'encens dans l'immense cassolette que vous brûlez pour votre propre usage. — Enfin vous êtes marié! Il n'y a plus de *oh!* ni de *comment?* ni de *ah!* qui tienne; il faut que l'univers se remette de sa stupeur et en prenne son parti. — Votre feuilleton conjugal, daté de Saint-Sulpice et écrit sur l'autel, vous l'avez charitablement intitulé le *Mariage du critique* et non pas *d'un critique*. Comme un autre a dit : L'État c'est moi! vous vous écriez modestement : Le Critique c'est moi! Grand merci, monsieur! Il résulte de cette incarnation de l'esprit, du talent et du crédit de tous les critiques en un seul que, depuis huit jours, nous sommes tous mariés en votre personne. C'est un charmant cadeau que vous nous faites là, monsieur, si j'en crois le prospectus de la mariée, que vous avez fait tirer à dix mille exemplaires. — Que vous êtes un mari généreux, monsieur! J'en connais, et plus d'un, qui gardent leurs femmes avec le soin vigilant du dragon des Hespérides. Vous, monsieur, du premier coup, vous faites imprimer, timbrer, mettre sous bande et distribuer votre femme à Paris et dans la banlieue. Cette publication ne peut manquer de vous attirer de nombreux souscripteurs. — P. S. L'Europe attend avec impatience les jappements de la jeune famille que vous lui annoncez. »

Janin ne répondit pas, il était écrasé sous le ridicule.

Peu de temps après, il fut obligé de soutenir une polémique terrible avec l'auteur des *Demoiselles de Saint-Cyr*. Du haut de sa montagne d'orgueil, Alexandre Dumas fit descendre des rochers sur la tête de Janin, pour le punir d'avoir critiqué sa pièce. Il le traita de Fréron, d'ignorant, il osa presque l'appeler vipère.

« Vous mordez tout le monde, lui dit-il. Ne pouvant mordre notre grand poëte dans le journal des *Débats* (la chose vous étant interdite par autorité supérieure), vous avez été l'attendre dans quelque feuilleton obscur de quelque journal ignoré, pour le mordillonner lorsqu'il passait; espérant que, s'il ne mourait pas de la blessure, il mourrait du venin [1]. »

Dumas, en outre, prouva victorieusement que Jules n'avait pas été capable, en trois mois, d'écrire un seul acte de la *Tour de Nesle* [2].

Notre infortuné critique ne s'est plus relevé depuis ces deux échecs. Roque-

---

[1] *Presse* du 30 juillet 1843.

[2] Les plaisanteries et les attaques de Dumas ne sont pas toujours marquées au coin du bon goût. Ainsi, dans ses *Mémoires*, il raconte que Harel élevait un cochon dans l'appartement de mademoiselle Georges, et que l'animal, au bout de six semaines, pesait vingt livres de plus que Janin.

plan lui a donné le dernier coup de massue. Vraiment c'était fort inutile.

Janin se prosterne; il est à terre, il fait son *meâ culpâ*. Le diable arrive au bout de son rouleau; la vieillesse frappe à sa porte; il endosse un froc d'ermite et devient bon apôtre.

Si vous le coudoyez, il vous ôte son chapeau.

Plus de fierté, plus de manières hautaines. Il s'attable tous les soirs au café Véron, pousse le double-six avec le premier venu, et ne sort que pour aller babiller jusqu'à minuit chez la marchande de tabac du boulevard des Italiens.

Il ne veut plus avoir que des amis; il cherche des affections et des dévouements. Tout ce qu'il a démoli depuis vingt ou trente années, il s'efforce de le reconstruire.

Cette conversion nous touche.

Nous en sommes presque au regret d'avoir été véridique. Les torts d'autrefois sont rachetés par les vertus présentes.

Néanmoins, de temps à autre, les anciennes habitudes reparaissent, et le vieux loup de la critique montre encore les dents; mais c'est un simple oubli, une distraction passagère. Il se frappe la poitrine de plus belle, et pleure toutes les brebis qu'il a mangées.

Pourvu que ce ne soient pas les larmes du crocodile !

FIN.

Oui certes, mon cher ami, Auprès de moi,
j'écris sur ce rempli faire une remise
~~rution au Dix août han~~, ~~Elle remandera un a venant~~,
l'expression de cette aimable madame
Serier-Baron ! — Faites moi cependant
d'amitié de m'écrire (en six lignes)
des titres littéraires de M. Serier-Baron —
je n'ai souvenance que de sa benedictrie
à Tibulle, et encore, sans vous ce
Tibulle, eussiez vous me répéter ?
 J'suis parfaitement tout
 à vous,
  J. Vauzelle
 12. Juin 1854.

VIENT DE PARAITRE

HISTOIRE-MUSÉE
DE LA
RÉPUBLIQUE FRANÇAISE
DEPUIS
L'ASSEMBLÉE DES NOTABLES JUSQU'A L'EMPIRE

PAR
AUGUSTIN CHALLAMEL

ACCOMPAGNÉE
DES ESTAMPES, COSTUMES, MÉDAILLES,
CARICATURES, PORTRAITS HISTORIÉS ET AUTOGRAPHES
LES PLUS REMARQUABLES DU TEMPS

TROISIÈME ÉDITION

Le succès qui a accueilli les deux premières éditions de ce livre pourrait, à la rigueur, nous dispenser d'entrer dans de nouvelles explications sur l'intérêt des matières qu'il traite et sur l'importance des nombreux documents qu'il contient; mais il nous a semblé qu'il ne serait pas hors de propos aujourd'hui de dire quelques mots sur la pensée de l'auteur, sur le plan qu'il a suivi et sur les motifs qui doivent faire, à notre avis, désirer en ce moment une réimpression de cet ouvrage.

L'*Histoire-Musée de la République française* n'est pas, à proprement parler, une histoire de la République, c'est-à-dire un récit plus ou moins détaillé des événements publics groupés et appréciés suivant la passion politique, le système ou l'école philosophique de l'auteur; elle n'est pas non plus, comme on pourrait le penser, un simple recueil de documents, plutôt fait pour les écrivains que pour les lecteurs; elle tient à la fois de ces deux genres de livres; plus impartiale et moins solennelle que les narrations des historiens, en ce qu'elle se borne, la plupart du temps, à exposer les circonstances dans lesquelles se sont produits les lettres, les dessins, les emblèmes, les caricatures, dont elle retrace et conserve l'image exacte comme autant de monuments des luttes des partis, elle est moins sèche aussi et plus instructive qu'une simple collection de pièces, parce que, en guidant le lecteur par un récit rapide des faits qui relient entre elles ces productions si diverses de l'esprit français pris sur le fait dans le moment où la surexcitation des passions de parti lui donne l'essor le plus énergique, elle met l'observateur intelligent à même d'en déduire des enseignements utiles.

On pourrait dire que l'*Histoire-Musée de la République française* est la chronique du mouvement quotidien de l'esprit français pendant la Révolution.

Quant à l'opportunité du moment choisi pour cette réimpression, nul ne contestera qu'elle ne saurait se produire plus à propos que dans ces temps de calme si favorables à la méditation, ces temps où les esprits sérieux aiment à chercher dans l'étude impartiale du passé la raison d'être du présent et la leçon de l'avenir.

CONDITIONS DE LA SOUSCRIPTION

L'*Histoire-Musée de la République française*, par AUGUSTIN CHALLAMEL, formera deux volumes grand in-8 jésus.

350 gravures sur acier et sur bois, dessinées et gravées par les meilleurs artistes, illustreront cet ouvrage, qui sera publié en 72 livraisons à 25 cent., et en 12 séries brochées à 1 fr. 50 cent.

Chaque livraison contiendra invariablement 16 pages de texte, avec gravures, plus *deux gravures* sur acier ou sur bois, tirées à part, ou une gravure et un autographe.

Prix de la livraison, 25 centimes

LES PREMIÈRES LIVRAISONS SONT EN VENTE

ON SOUSCRIT A PARIS

CHEZ **GUSTAVE HAVARD**, LIBRAIRE-ÉDITEUR

RUE GUÉNÉGAUD, 15

Et chez tous les Libraires de la France et de l'Étranger.

Paris. — Typ. CAITTET et C., rue Gît-le-Cœur, 7.